Tonia Wiatrowski

DAS ÖTZI
Mitmach-Buch

Folio Verlag

3. Auflage 2025
© Folio Verlag Bozen/Wien
Konzept und Idee:
Tonia Wiatrowski
Text, Illustration, Gestaltung:
Tonia Wiatrowski
Lektorat:
Hermann Gummerer
Printed in Europe
ISBN 978-3-85256-708-2
www.folioverlag.com

Inhaltlich geprüft durch das Südtiroler Archäologiemuseum

Wir danken Claudia Bazzoli und Elisabeth Nitz vom Jukibuz in Bozen sowie Günther Kaufmann vom Südtiroler Archäologiemuseum herzlich für ihre wertvolle Unterstützung.

Herausgegeben mit Unterstützung der Abteilung Deutsche Kultur der Autonomen Provinz Bozen – Südtirol

AUTONOME PROVINZ BOZEN SÜDTIROL — PROVINCIA AUTONOMA DI BOLZANO ALTO ADIGE
Deutsche Kultur - Cultura tedesca

Die Autorin und Illustratorin
Tonia Wiatrowski, geboren 1978 in Cuxhaven, studierte Kommunikationsdesign, arbeitet als freie Buchdesignerin und Illustratorin in der Ateliergemeinschaft Tatendrang-Design.
Sie gibt Kreativworkshops für Kinder, unterrichtet zeitweise als Jonglierlehrerin im Kinderzirkus, hat Kreativbücher geschrieben sowie viele weitere illustriert und gestaltet. Zuletzt erschien bei Folio: *Reiseführer für Tiere* (Autorin: Inga Marie Ramcke).

Quellen
Angelika Fleckinger:
Ötzi, der Mann aus dem Eis.
Wien/Bozen: Folio 2025 (11. Aufl.)
Gudrun Sulzenbacher:
Die Gletschermumie. Mit Ötzi auf Entdeckungsreise durch die Kupferzeit.
Wien/Bozen:
Folio 2022 (11. Aufl.)

Inhalt

Tot im Eis
Wie Ötzi gefunden wurde — 4

Haltbar gemacht
So wurde Ötzi zu einer Mumie — 6

Groß herausgekommen
Wie Ötzi zum Star wurde — 8

Hauen und stechen
Ötzis Spezial-Werkzeuge — 10

Jetzt wird's heiß!
Wie Ötzi Feuer machte — 12

Schmeckt lecker!
Ötzis Leibspeise — 14

Zum Fressen gern
Ötzis nützliche Tiere — 16

Gut gemacht!
Was Ötzi aus Kupfer herstellte — 18

Mich zwickt's
Ötzi – ein Fall für den Arzt — 20

Umgebracht!?
Das Rätsel um Ötzis Tod — 22

Was zum Knobeln
Suchspiele & Rätsel — 24

Denk mal!
Ein Standbild für Ötzi — 26

Gut bepackt!
Ötzi unterwegs — 27

Feuer unterm Dach
Leben im Ötzi-Dorf — 28

Schicke Tattoos
Seltsame Zeichen auf Ötzis Haut — 30

Sieht echt gut aus!
Mach dir dein eigenes Bild von Ötzi — 32

Kalt gebettet
Ötzi im Museum — 34

Lösungen der Rätsel — 36
Deine Ötzi-Anziehpuppe — 37
Zeitfaden für 5300 Jahre — 43
Das Ötzi-Wander-Spiel — 45

Hallo Kinder,

ich bin Ötzi, ein Reporter hat mich so getauft, weil mein toter Körper in den Ötztaler Alpen gefunden wurde. Unter diesem Namen kennt mich nun die ganze Welt.
Ich habe vor 5300 Jahren in der Kupferzeit gelebt – das war gleich nach der Steinzeit. Kommt mit mir und werft einen Blick in mein aufregendes Leben.
Viel Spaß auf der Zeitreise!
Euer

ÖTZI

Tot im Eis
Wie Ötzi gefunden wurde

Die Bergung

Es war gar nicht so einfach, Ötzi hoch oben in den Bergen – auf über 3200 Metern Höhe! – aus dem Eis zu befreien.

Seine Bergung dauerte mehrere Tage. Zwischendurch fiel sogar Schnee auf die Fundstelle. Damals ahnte noch niemand, dass der Tote 5300 Jahre alt ist.

Deshalb wurden am Anfang auch keine Archäologinnen oder Archäologen befragt – das sind Fachleute, die erforschen, was vor vielen Jahren passiert ist. Sie achten darauf, dass kostbare geschichtliche Funde richtig geborgen und aufbewahrt werden, damit sie nicht zerstört werden oder gar verrotten.

So wurde Ötzi wie ein normaler Mensch mit bloßen Händen, mit Skistöcken und einem Eispickel aus dem Eis befreit und sein Körper dabei leider verletzt.

Seitdem wir wissen, wie einzigartig der Fund ist, gehen die Menschen sehr vorsichtig mit Ötzi um. Es wird streng darauf geachtet, dass ihm und seiner wertvollen Ausrüstung nichts mehr passiert.

Von Ötzi kannst du eine Menge über das Leben in der Kupferzeit lernen.

Wer hat Ötzi gefunden?

Erika und Helmut Simon aus Nürnberg

Das sind Herr und Frau Simon. Am 19. September 1991 wanderten sie durch die Ötztaler Alpen. Dabei nahmen sie eine Abkürzung und verließen den markierten Weg. In einer Mulde mit geschmolzenem Gletscherwasser entdeckten sie etwas Braunes: Es war Ötzi!

Nach seiner Bergung wurde Ötzi mit einem Hubschrauber abtransportiert. Hier siehst du, wie er in einem Sack unten am Hubschrauber hängt.

So wurde Ötzi gefunden: Sein Körper war im Gletscher festgefroren.

Seit einigen Jahren verändert sich unser Klima: Die Winter und die Sommer werden wärmer. Deshalb schmelzen auch die Gletscher in den Alpen. Ihre Eismassen sind teilweise ganz schön alt – mehrere Tausend Jahre! Es gab aber auch einen Sandsturm aus der Sahara, der Sand auf die Gletscher wehte. Der Sand heizte sich in der Sonne auf, so dass das uralte Gletschereis darunter schmolz und der darin verborgene Ötzi gefunden werden konnte.

Der Fundort

Es war zuerst nicht klar, welchem Land Ötzi gehört. Er wurde nämlich nur 93 Meter südlich der Grenze zwischen Italien und Österreich gefunden. Er lag also knapp auf italienischem Gebiet in Südtirol.

Haltbar gemacht
So wurde Ötzi zu einer Mumie

Wie konnte Ötzi 5300 Jahre erhalten bleiben?

Wenn ein toter Körper in der freien Natur liegt, wird er nicht lange unversehrt bleiben: Tiere wie Geier oder Füchse, aber auch Insekten, Maden und Fliegen werden ihn auffressen. Winzige Organismen wie Bakterien erledigen den Rest.

Bei Ötzi war das anders: Kurz nach seinem Tod fiel Schnee und legte eine dünne Schneedecke über ihn. Sie schützte ihn vor Tieren.

Durch den Schnee drang Luft zu Ötzi vor, außerdem war es trotz des Schnees trocken. So wurde er gefriergetrocknet und in eine Mumie verwandelt. Sein Körper verfiel nicht.

Erst nach Jahren schloss ihn das Gletschereis ein und konservierte ihn über Jahrtausende.

Gletscher sind jedoch ständig in Bewegung, sie fließen und zermahlen dabei alles, was sich ihnen in den Weg stellt. Ötzi lag glücklicherweise in einer Felsmulde, sodass der Gletscher ihn nicht mitnehmen konnte.

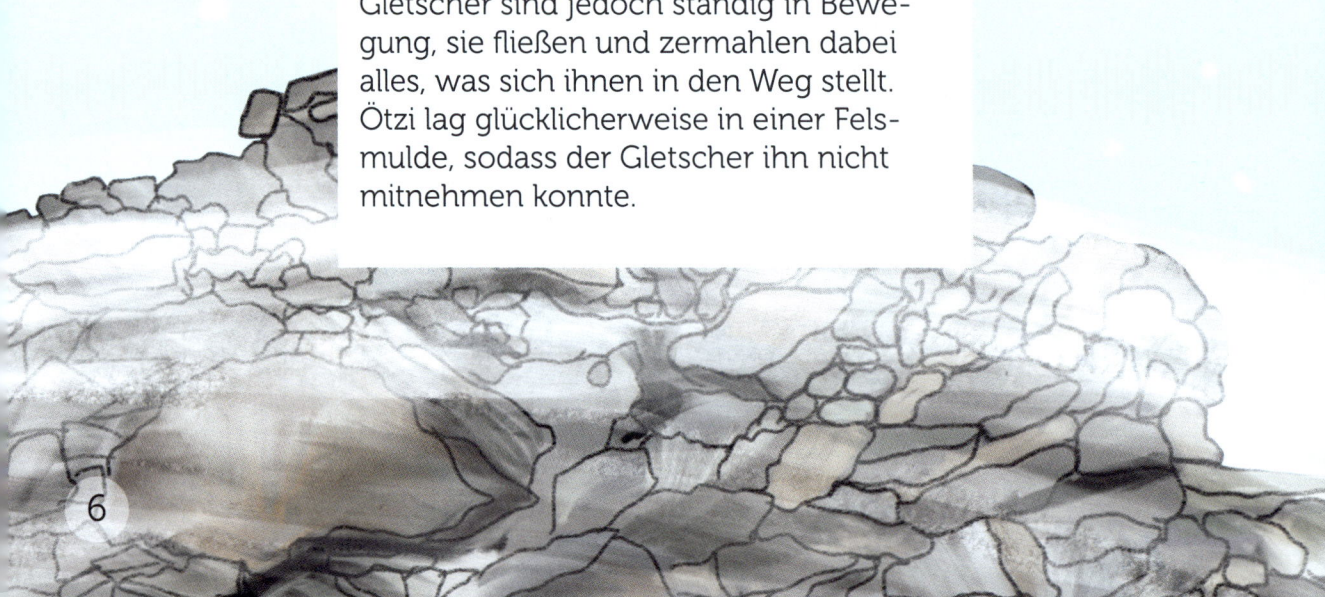

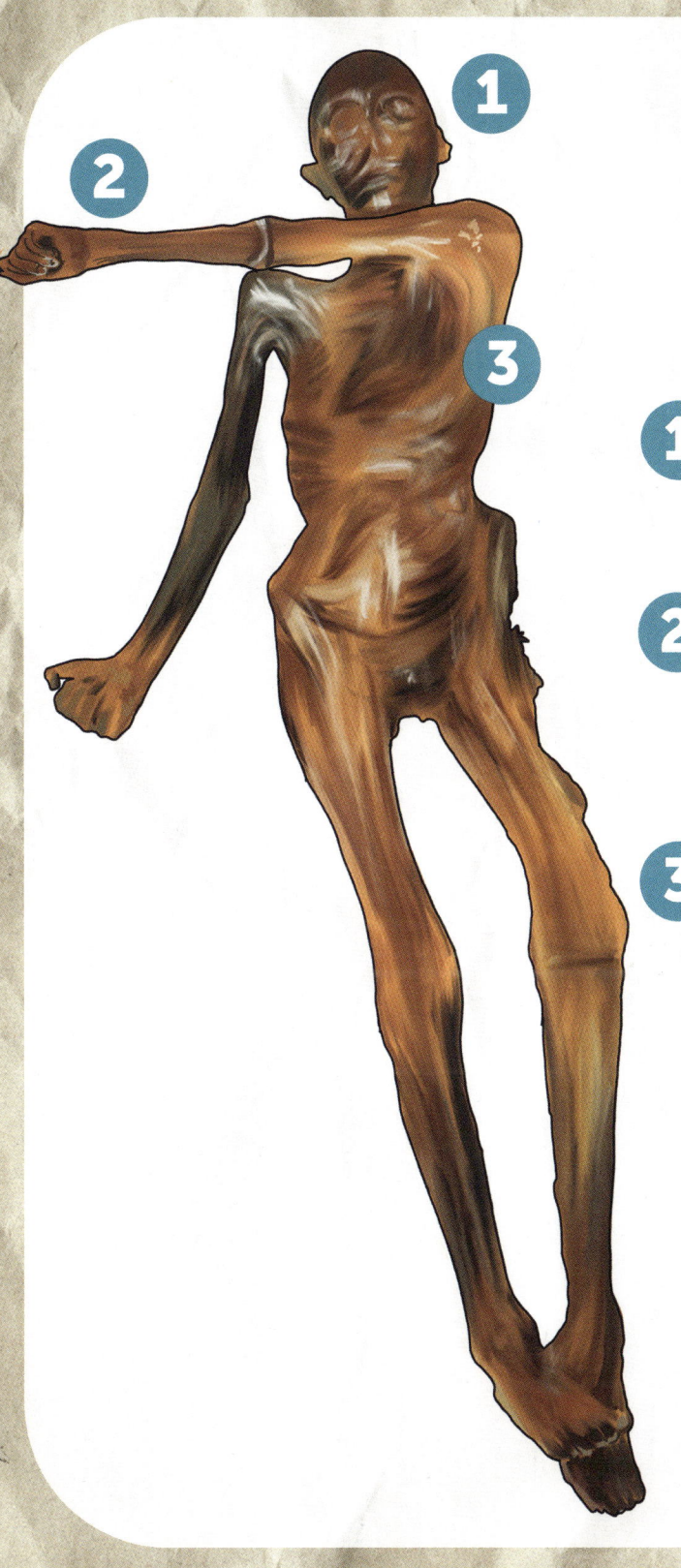

Eine Mumie

So sieht Ötzi heute aus. Er ist eine Mumie und seine Haut fühlt sich an wie Leder.

1 Ötzis linkes Ohr ist nach vorne geklappt und sein linker Arm hat eine ziemlich unnatürliche Haltung.

2 Die besondere Armhaltung entstand durch Ötzis Bauchlage oder weil Ötzi zu Lebzeiten versucht hatte, Schmerzen in der Schulter zu stillen.

3 Das viele Gletschereis, das auf Ötzi lag, war sehr schwer. Deshalb wurde sein Brustkorb eingedrückt.

Groß herausgekommen
Wie Ötzi zum Star wurde

Überall Ötzi

Du kannst dir nicht vorstellen, welchen Presse-Rummel es gab, als Ötzi gefunden wurde: Reporterinnen und Reporter aus aller Welt haben von ihm im Fernsehen und Radio berichtet. Jede Zeitung schrieb über ihn. So wurde aus Ötzi ein Star, den jeder kennt.
Sofort wurden Ötzi-Souvenirs produziert: Becher, Bonbons, Schokolade, Schlüsselanhänger – sogar eine Pizza wurde Ötzi gewidmet. Es ist fast so, als wäre er ein berühmter Schauspieler oder Sänger. Alle Welt interessiert sich für den Mann aus dem Eis. Der Fund ist eine Sensation!

Zeichne hier dein ÖTZI-Poster

Verbinde mit einem Stift die nummerierten Punkte, und zwar der Reihenfolge nach (1, 2, 3 …). Achtung: Punkte und Zahlen derselben Farbe gehören zusammen und bilden eine Linie.

Ötzi im Interview

Ötzi, welche Werkzeuge hast du dabei und wozu brauchst du sie?

Auf meinem Weg durch die Berge habe ich verschiedene Werkzeuge dabei. Hier stelle ich euch einige davon vor:

1. Mit dem Kupferbeil kann ich Bäume fällen und Angreifer abwehren. Der Griff ist aus Eibenholz gemacht, die Klinge aus Kupfer.

2. Mein Dolch ist sehr praktisch: Ich kann damit Dinge bearbeiten und mein Essen klein schneiden. Er besteht aus einer Feuersteinklinge und einem Griff aus Eschenholz. Wenn ich ihn gerade nicht brauche, steckt er in einer Dolchscheide aus Lindenbast, die ich am Gürtel befestigte.

3. Das ist eine sehr scharfe Klinge, mit der ich Felle und Häute zuschneiden kann. Auch sie ist aus Feuerstein.

4. Mit dem Retuscheur bearbeite ich Feuerstein. Das Werkzeug besteht aus einem Lindenast, in dem ein spitzes Stäbchen aus Rehgeweih steckt, wie bei einem Bleistift.

5. Mit diesem Bohrer kann ich Löcher in Leder oder Holz bohren.

3 Jetzt muss ich ganz vorsichtig in die Glut blasen. Dazu nehme ich das Büschel in die Hände. Die Glut muss größer werden. Am besten, ich stelle mich so in den Wind, dass er beim Pusten hilft und der Rauch von mir wegfliegt. Aber schön vorsichtig! Sonst geht die Glut gleich wieder aus und ich muss von vorn beginnen.

4 Nach und nach lege ich dickere Äste auf die Glut. Das Feuer wird langsam größer.

5 Jetzt kann gegrillt werden!

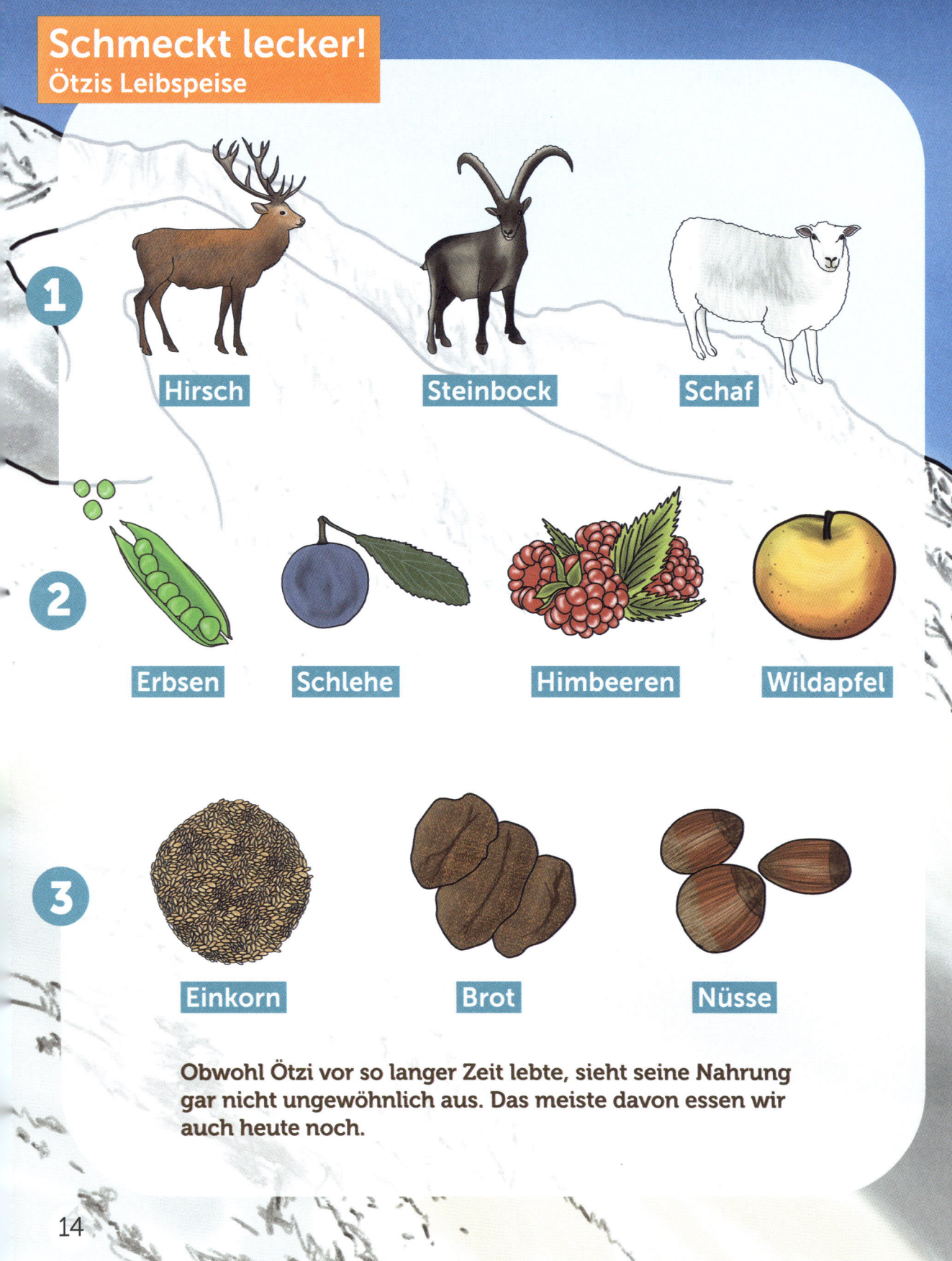

Ötzi im Interview

Ötzi, was gibt es bei dir eigentlich zu essen?

Mein Essen ist köstlich, aber wir müssen hart arbeiten, damit alle Menschen unseres kleinen Dorfes satt werden!
Wir leben in einer Zeit, in der wir Menschen von Jägern und Sammlern zu Bauern geworden sind. Das heißt, wir pflanzen jetzt Vieles selbst an und züchten Tiere. Aber wir gehen auch noch auf die Jagd.

1 Ich esse gerne gegrilltes oder gekochtes Fleisch: Hirsch-, Steinbock- und Schaffleisch schmecken köstlich.

2 Dazu gibt es Erbsen und Beeren: Schlehenbeeren, Himbeeren und Brombeeren sind lecker und gesund, genau so wie Äpfel.

3 Aus Einkorn – einer alten Getreideart – bereiten wir einen Brei zu oder backen Brot.
Natürlich mag ich auch verschiedene Nüsse ...
Mir läuft das Wasser im Mund zusammen, wenn ich euch das erzähle.

Kaugummi

Archäologinnen und Archäologen haben Pfahlbauten aus der Zeit von Ötzi erforscht. Dabei fanden sie Klumpen aus Birkenteer mit Kauspuren! Birkenteer ist der Klebstoff der Steinzeit und der Kupferzeit – haben Ötzis Zeitgenossen ihn auch als Kaugummi benutzt?

Ötzi im Interview

Ötzi, wofür sind Tiere für dich nützlich?

Manche Tiere sind für mich ziemlich gefährlich: Einem Bären zu begegnen, ist nicht gerade lustig. Aber grundsätzlich sind die Tiere in und um unser Dorf herum sehr wichtig für uns.

1 Wenn es uns gelingt, einen Hirsch, ein Reh, einen Steinbock oder gar einen Bären zu erlegen, gibt es wieder ausreichend Essen für unsere Dorfgemeinschaft.

Die Häute und Felle der Tiere verarbeiten wir danach zu Kleidungsstücken.

2 Wir halten in unserem Dorf aber auch Schafe und Ziegen: Die liefern Milch und schmackhaftes Fleisch. Mein dünner, weicher Lendenschurz ist übrigens aus Schafleder gemacht.

3 Die Federn der Alpendohle und des Steinadlers sind sehr praktisch, um damit Pfeile für die Jagd zu bauen.

Ötzi im Interview

Ötzi, du lebst in der Kupferzeit. Was stellst du aus Kupfer her?

Die Werkzeuge aus Kupfer haben mir viele tägliche Arbeiten erleichtert, zum Beispiel das Bäume-Fällen. Wir haben aber auch Waffen und Schmuck aus Kupfer hergestellt.

1. Um Kupfer zu gewinnen benötige ich einen Lehmofen, in dem ich große Hitze erzeugen kann.

2. In diesen Ofen gebe ich Kupfererz – ein besonderes Gestein, das Kupfer enthält.

3. Durch die Hitze löst sich das Kupfer aus dem Gestein und fließt aus dem Ofen.

4. Vorher habe ich eine aus zwei Teilen bestehende Gussform vorbereitet, zum Beispiel für Beilklingen.

5. Diese Formen werden zusammengebunden. Dann gieße ich das flüssige Kupfer durch ein Loch in die Form.

6. Wenn das Kupfer abkühlt, wird es wieder hart. Naja, ziemlich hart: Meine Beilklinge muss ich immer wieder nachschleifen, damit sie schön scharf bleibt.

Mich zwickt's
Ötzi – ein Fall für den Arzt

Peitschenwürmer

Zecke

Hirschlausfliege

Ötzis Plagegeister

Ötzi wurde von verschiedenen kleinen Plagegeistern genervt:

In seinem Darm haben Forscher die Eier von **Peitschenwürmern** gefunden. Diese Parasiten verursachen Bauchschmerzen und schlimmen Durchfall.

Sie entdeckten außerdem Borrelien. Das sind Bakterien, die durch **Zeckenstiche** übertragen werden können und Krankheiten auslösen.

Und als ob das nicht schon genug wäre, fanden sie in seinen Haaren auch noch Teile von **Hirschlausfliegen**: lästige, stechfreudige Blutsauger! Armer Ötzi.

Birkenporling

Ötzis Apotheke

Ötzi hat sich einen Pilz, den **Birkenporling**, zurechtgeschnitten und auf einen Lederriemen aufgefädelt. Er trug den Pilz immer bei sich. Dieser Porling stillt nämlich bei Verletzungen das Blut. Praktisch, oder? Außerdem wirkt er wie ein Antibiotikum gegen Krankheitserreger.

Ein Fall für den Arzt

Als Forscher Ötzis Körper untersuchten, mussten sie feststellen, dass er gar nicht gesund war: Er litt unter Arterienverkalkung! Das bedeutet, dass es in seinen Adern Ablagerungen gab. Außerdem hatte er Karies, Gallensteine und gebrochene Rippen. Dass er keine Milch vertrug, ist da noch das geringste Problem.

Bestens untersucht

Kein Mensch wurde jemals so gründlich untersucht wie Ötzi. Forscherteams aus aller Welt kommen nach Bozen ins Archäologiemuseum, um sich Ötzi ganz genau anzusehen.

Umgebracht!?
Das Rätsel um Ötzis Tod

Für Detektive

Um herauszufinden, woran Ötzi starb, arbeiten Wissenschaftlerinnen und Wissenschaftler wie Detektive. Lange Zeit glaubten sie, dass er erfroren sei. Aber das stimmt nicht. Erst zehn Jahre nachdem er im Gletschereis gefunden worden war, machten Forschende eine unglaubliche Entdeckung: Niemandem war das vorher aufgefallen – in **Ötzis Schulter** steckt eine **Pfeilspitze**! Unglaublich! Er war davon so schwer verletzt worden, dass er verblutete. Ötzi wurde somit von hinten erschossen. Der Pfeil steckt noch heute in seinem Rücken. Auch an der Hand und am Kopf war Ötzi verletzt. Wahrscheinlich war er kurz vor seinem Tod in einen heftigen Kampf verwickelt.

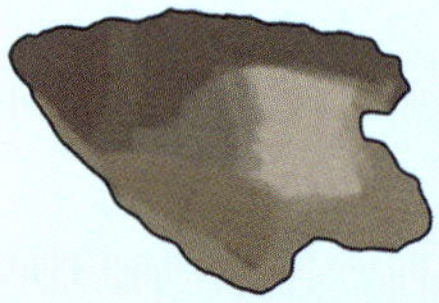

Pfeil in der Schulter

So eine Pfeilspitze aus Feuerstein steckt in Ötzis Schulter.

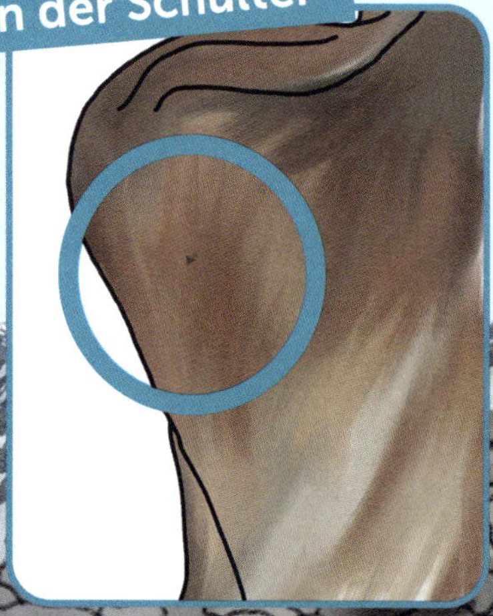

Das ist Ötzis Schulter und die Stelle, wo der tödliche Pfeil in ihn eintrat.

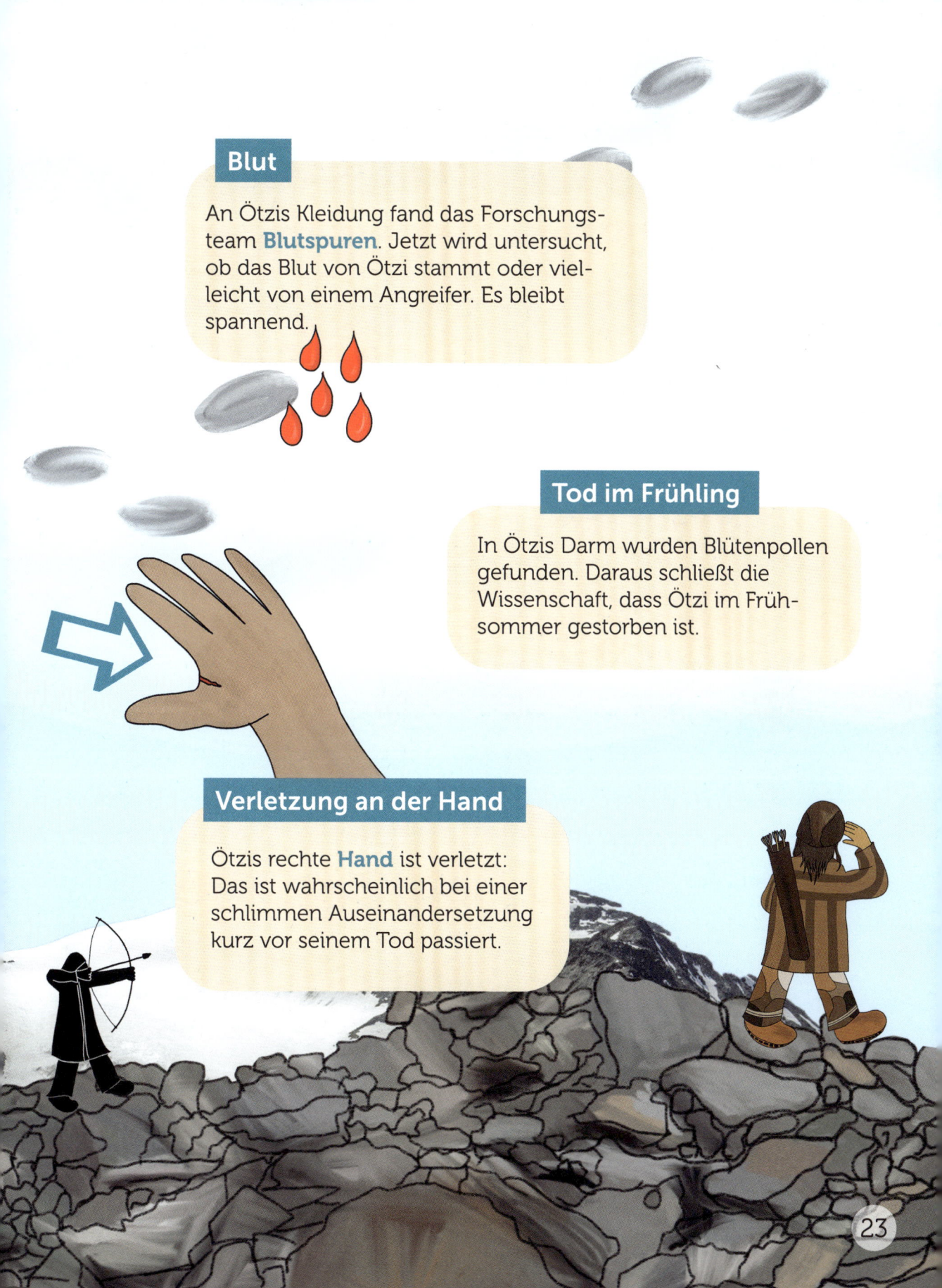

Was zum Knobeln
Suchspiele & Rätsel

Finde die versteckten Ötzi-Begriffe

Die Wörter können waagrecht, senkrecht, vorwärts, rückwärts oder diagonal im Gitter verborgen sein. Wenn du einen Ötzi-Begriff entdeckt hast, kreise ihn mit einem Stift ein.

PFEILSPITZE

ÖTZI

FEUERSTEIN

DOLCH

A	F	G	Z	Q	Ö	C	A	I	A	F
K	U	P	F	E	R	B	E	I	L	E
R	U	E	H	C	S	U	T	E	R	U
X	S	C	H	L	E	H	E	A	G	E
M	Ö	T	Z	I	A	A	A	B	A	R
P	N	P	Z	T	Y	H	A	A	A	S
U	A	A	S	A	C	A	A	A	A	T
P	F	E	I	L	S	P	I	T	Z	E
A	A	A	O	A	A	L	K	N	A	I
W	A	D	E	N	K	M	A	L	A	N

DENKMAL

RETUSCHEUR

KUPFERBEIL

SCHLEHE

24

Entdecke, was zusammengehört — Folge den Linien

Jeweils zwei Gegenstände gehören zusammen. Zeichne die Linien mit einem Stift nach und finde so die Lösung.

Ötzi stopfte in seinen geflochtenen Innenschuh Heu, um sich vor Kälte zu schützen. Darüber trug er einen Lederschuh.

Im Birkenrindengefäß transportierte Ötzi Glut, um Feuer zu machen.

Seinen Dolch trug er in einer geflochtenen Scheide ständig bei sich.

Benenne die Bilder

Löse das Kreuzworträtsel: Fülle dazu die Kästchen mit den Begriffen aus, die die kleinen Bilder darstellen.

Die Auflösung findest du auf Seite 36.

25

Denk mal!
Ein Standbild für Ötzi

Denkmal

Damit Ötzi niemals vergessen wird, erinnert an der Fundstelle am Tisenjoch auf 3208 Metern Höhe eine vier Meter hohe Steinpyramide an ihn.

Erfinde dein Ötzi-Denkmal

Wie würde ein Denkmal aussehen, das du für Ötzi erfinden würdest? Lass deiner Fantasie freien Lauf und zeichne es auf diese Seite.

Der Ötzi-Rucksack

Ötzi hatte so etwas Ähnliches wie einen Rucksack dabei: ein Gestell aus Holz, das er sich auf den Rücken schnallen konnte. Dank dieser Kraxe konnte er Sachen mit sich tragen, die er für unterwegs benötigte. Ob er die Dinge in einen Fellsack steckte oder mit Schnüren an dem Gestell befestigte, wissen wir nicht. Gefunden wurden nur das Holzgestell und die Schnüre.

Gut bepackt!
Ötzi unterwegs

Holzgestell

Vielleicht war es mit Fellen bespannt.

Zähle auf, was Ötzi bei sich trug

Ich packe Ötzis Kraxe und nehme mit ...

Für 2 oder mehr Spielende:
Jemand fängt an und sagt: **„Ich packe Ötzis Kraxe und nehme mit ..."**; jetzt zählt die Person einen Gegenstand auf – am besten einen Ötzi-Gegenstand, den du auf den vorigen Seiten kennengelernt hast, zum Beispiel den Dolch. Dann ist der oder die Nächste an der Reihe und wiederholt den Satz, den genannten Gegenstand und nennt einen neuen Gegenstand. Und so geht es immer weiter.

Ziel des Spiels ist es, sich so viele Gegenstände wie möglich zu merken und sie in der richtigen Reihenfolge aufzuzählen. Wer einen Fehler macht, scheidet aus.

Wer übrig bleibt, hat gewonnen!
Viel Spaß!

Feuer unterm Dach
Leben im Ötzi-Dorf

Ötzi lebte in einer richtigen Dorfgemeinschaft. Die Menschen aus seiner Gemeinschaft bauten Gemüse und Getreide an, sie hatten Haustiere und sie gingen auf die Jagd. Die Tierfelle verarbeiteten sie zu Leder und dann zu Kleidungsstücken. Ötzis Zeitgenossen haben sogar richtige Häuser aus Holz gebaut. Es gab darin eine Feuerstelle, sodass sie kochen und Brot backen konnten.

Die Auflösung findest du auf Seite 36.

Welche fünf Dinge waren in der Kupferzeit noch gar nicht erfunden? Finde die fünf Fehler und male diese Gegenstände rot an. Den Rest kannst du ausmalen wie du möchtest.

Tipp
Wenn du mal hautnah erleben möchtest, wie Ötzi gewohnt hat, dann besuche den Archeoparc in Schnals/Südtirol oder das Ötzi-Dorf in Umhausen/Nordtirol. Infos findest du unter:
www.archeoparc.it und **www.oetzi-dorf.at**

Finde die Unterschiede

In dem unteren Bild haben sich acht Unterschiede versteckt. Kannst du sie finden?

Schicke Tattoos
Seltsame Zeichen auf Ötzis Haut

Tattoos – aber warum?

Ötzi trug an seinem Körper 61 Tätowierungen. Warum?

Die Ötzi-Forschung vermutet, dass er an den tätowierten Stellen Schmerzen hatte und hoffte, diese Schmerzen durch die Tattoos zu vertreiben.

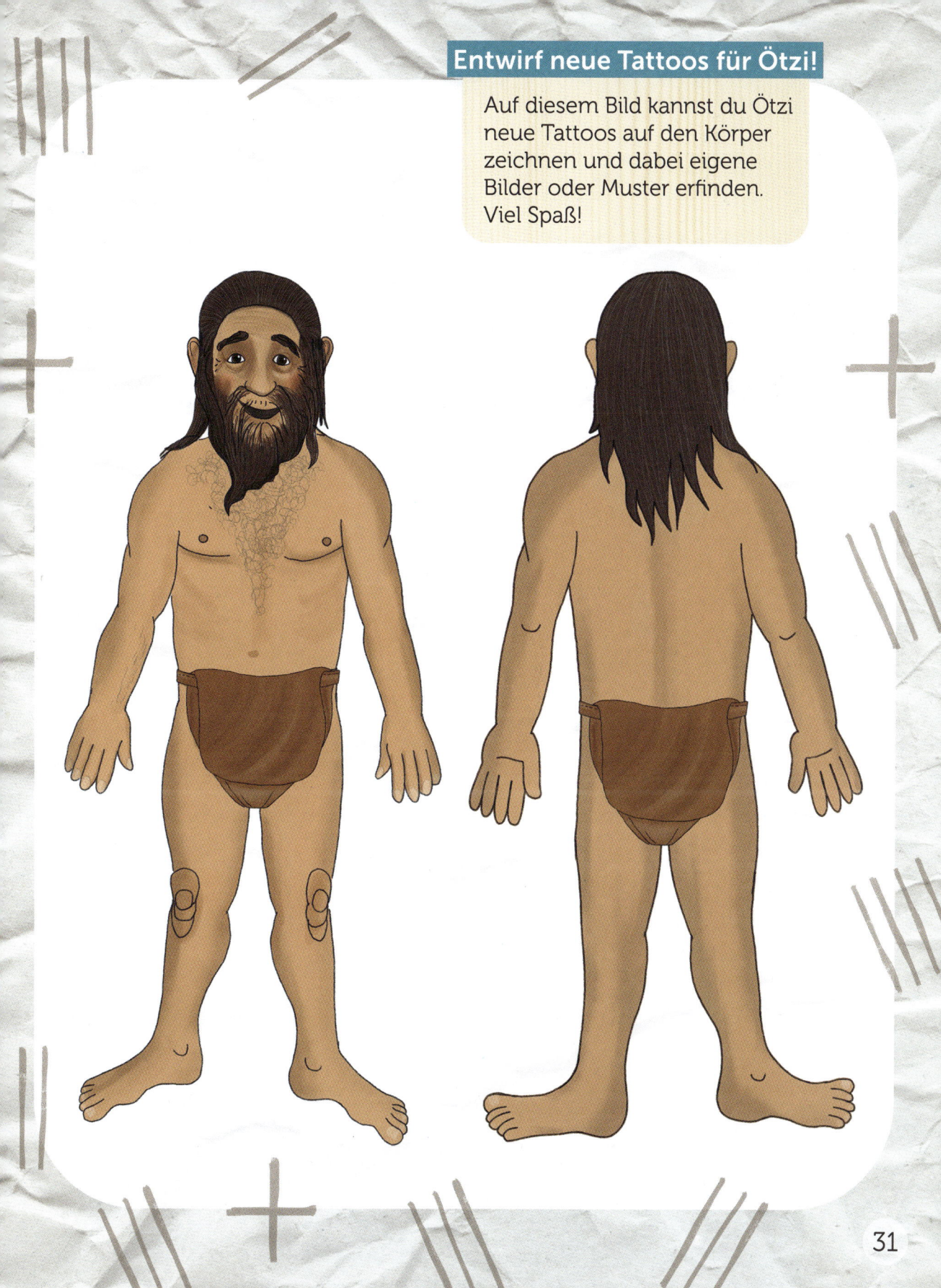

Sieht echt gut aus!
Mach dir dein eigenes Bild von Ötzi

So sah Ötzi aus

Die Menschen sind sehr neugierig wie Ötzi wohl als lebendiger Mensch ausgesehen hat.

Heute sind seine Muskeln und seine Haut nämlich ziemlich verschrumpelt und sein Gesicht verzogen.

Im Südtiroler Archäologiemuseum kannst du eine lebensechte Nachbildung von Ötzi bewundern, die zwei holländische Künstler gebaut haben.

Forschende haben sehr viel über Ötzi herausgefunden. Diese Informationen haben die Künstler für ihr Ötzi-Modell verwendet, zum Beispiel, dass seine Augen braun waren.

Außerdem hatten sie ein Modell seines Schädels, das nach Computerdaten von Ötzi gebaut wurde.

Diesem Schädelmodell gaben die beiden Künstler ein echt wirkendes Gesicht und einen Körper.

Zeichne Ötzi verschiedene Frisuren und Bärte. Wie hat er deiner Meinung nach ausgesehen?

Kalt gebettet
Ötzi im Museum

Sicher verwahrt

Auf Ötzi wird im Südtiroler Archäologiemuseum extrem gut aufgepasst: Die eisige Kammer, in der sein Körper aufbewahrt wird, ist gegen alles Mögliche gesichert, zum Beispiel gegen Brand, gegen gefährliche Keime und gegen Diebstahl.

Auch wenn mal der Strom ausfallen sollte, der die Energie für Ötzis Kühlmaschine liefert, gibt es ein eigenes Sicherheitssystem.

Das Gletschereis hat Ötzis Körper 5300 Jahre ausgezeichnet erhalten – wie in einem Gefrierschrank. Deshalb ahmt das Team des Museums in seiner Zelle dieselben Bedingungen wie im Eis nach: In Ötzis Zelle ist es klirrend kalt: –6 Grad Celsius! Und sehr feucht: 99 % Luftfeuchtigkeit!

Außerdem wird Ötzi immer wieder mit keimfreiem Wasser besprüht. Sein Körper wird so stets durch eine feine Eisschicht geschützt. Sollte mal die Kühlung ausfallen, wird sofort Alarm geschlagen, und es werden ein eigener Techniker, ein Arzt und die Museumsdirektorin gerufen.

Für Ötzi ist sogar im Krankenhaus von Bozen ein eigener Raum reserviert. Sollte es im Museum einmal brennen, wird er sofort mit einem Krankenwagen ins Krankenhaus in Sicherheit gebracht.

Tipp

Wenn du den echten Ötzi sehen möchtest, dann findest du ihn im Südtiroler Archäologiemuseum in Bozen. Seit 1998 können Menschen ihn dort bestaunen. Mehr unter: www.iceman.it

Ein Mensch wie du und ich

Auch wenn Ötzi schon 5300 Jahre tot ist, ist er immer noch ein Mensch. Deshalb wird sein Körper im Museum sehr respektvoll ausgestellt. Die Besucher treten leise und in einem abgedunkelten Raum an ihn heran.

Damit alle Personen, die das Museum besuchen, einen Moment ganz nahe bei Ötzi sein können, liegt dieser hinter einem kleinen, schützenden Fenster aus Panzerglas.

So liegt Ötzi in seiner Eiskammer im Museum. Du kannst vor das Fenster treten und ihn genau betrachten. Sein Körper liegt auf einer ganz präzisen Waage. Wenn sich sein Gewicht verändert, wird das Museum sofort darüber informiert.

Lösungen der Rätsel

Lösung des Rätsels von Seite 24

Lösung des Rätsels von Seite 25

Lösung des Rätsels von Seite 29
In den Kreisen siehst du die Unterschiede.

Lösung des Rätsels von Seite 28
In den Kreisen siehst du die Dinge, die in der Kupferzeit noch gar nicht erfunden waren: Brille, Handy, Buch, Spielzeugauto, und Armbanduhr.

Deine Ötzi-Anziehpuppe

Bastelanleitung

Du benötigst eine Schere und einen Klebestift.
Schneide zuerst die folgenden Bastelseiten entlang der gestrichelten geraden Linien aus dem Buch heraus.

1. Dann schneide Ötzi und seine Kleider aus. Danach kannst du ihn ankleiden.

2. Klebe zuerst die Beinkleider und die Schuhe (vorne und hinten) auf die Ötzi-Figur.

3. Danach den Mantel und die Bärenfellmütze (ebenfalls vorne und hinten). Jetzt kannst du Ötzi noch das Birkenrindengefäß an die Hand kleben, dann den Dolch an seinen Gürtel und die Dolchscheide über den Dolch.

4. Den Köcher mit den Pfeilen trug Ötzi auf dem Rücken.

So sieht der angezogene Ötzi aus.

von vorne — von hinten

Damit zog Ötzi los

Die **Bärenfellmütze** hält im Winter und im Hochgebirge warm!

Ötzi war mit einem **Lendenschurz** aus Leder bekleidet. Sieht unpraktisch aus, war es aber nicht. Er konnte so ziemlich flott sein Geschäft erledigen: Gerade wenn es kalt war oder vielleicht Bären in der Nähe waren, durfte er nur wenig Zeit mit dem Aus- und wieder Anziehen verlieren.

Die **Beinkleider** sind aus Ziegenleder gemacht – sie bedecken nur die Beine. Sie reichen also vom Lendenschurz bis zu den Schuhen. Damit sie nicht hinunterrutschen, hat sie Ötzi am Gürtel festgebunden. Solche Beinkleider trugen übrigens auch die Indianer in Nordamerika.

Die **Schuhe** von Ötzi sind aus Hirschleder gemacht und mit Heu ausgestopft. So halten sie schön warm.

Der **Mantel** aus Ziegen- und Schaffell ist perfekt zugeschnitten und sehr ordentlich genäht. Außerdem ist er hübsch gestreift. Ötzi ist also ganz schön modebewusst gewesen.

Ötzi hatte ein federleichtes **Birkenrindengefäß** dabei. Darin legte er zuerst Ahornblätter und darauf glühende Kohle. So konnte er Glut mit sich tragen, ohne dass der Boden des Behälters durchbrannte. Als Ötzi lebte, war es nämlich nicht so einfach wie heute, Feuer zu entfachen: Wird der Zunderschwamm feucht, geht nichts mehr. Mit der Glut im Gepäck konnte er jederzeit schnell Feuer machen.

Ötzi ging mit **Pfeil** und Bogen auf die Jagd. Seine Pfeile bewahrte er in einem **Köcher** auf, den er sich auf den Rücken schnallte.

Seinen kleinen **Dolch** trug Ötzi in einer **Scheide** aus Bast mit sich.

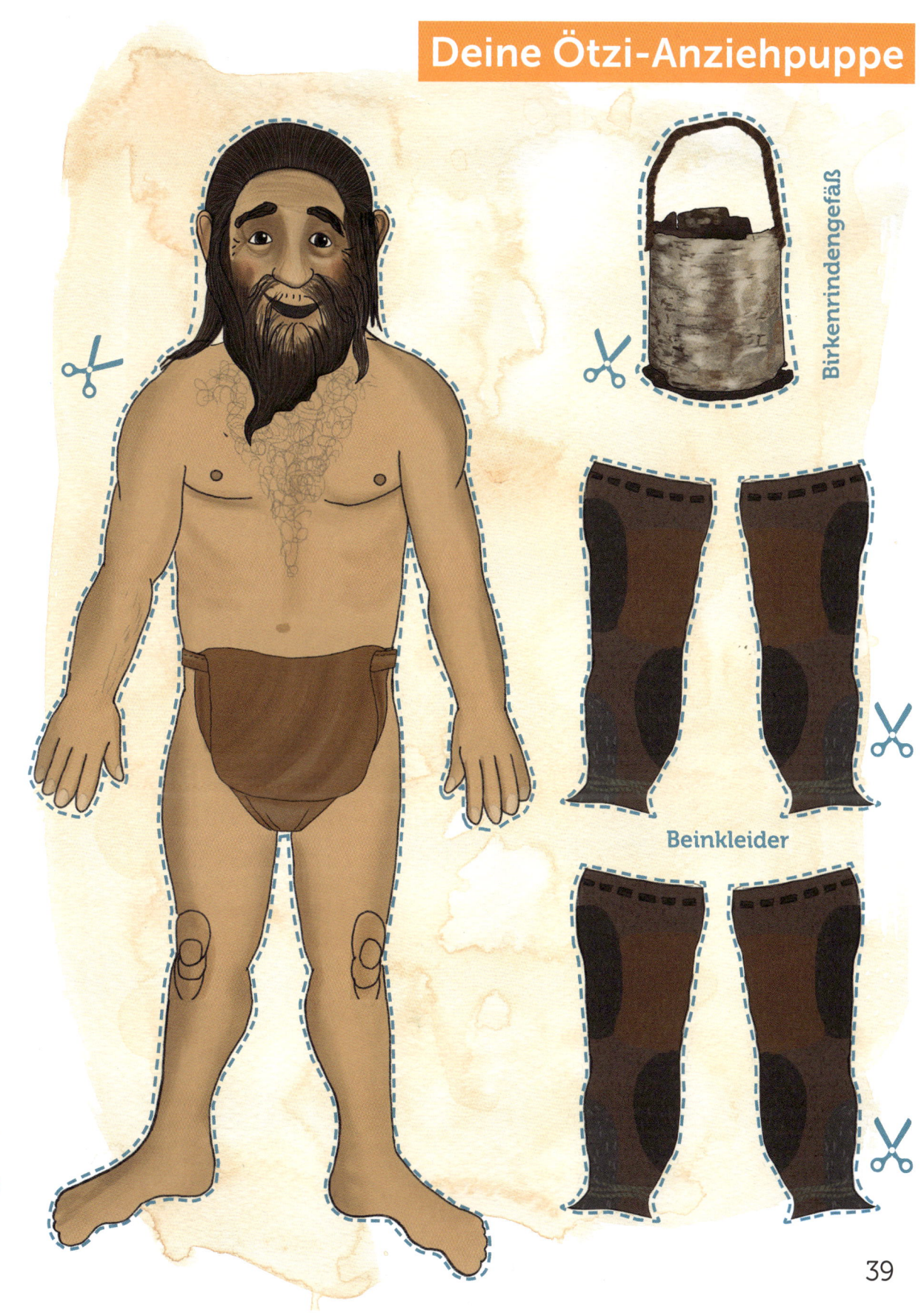

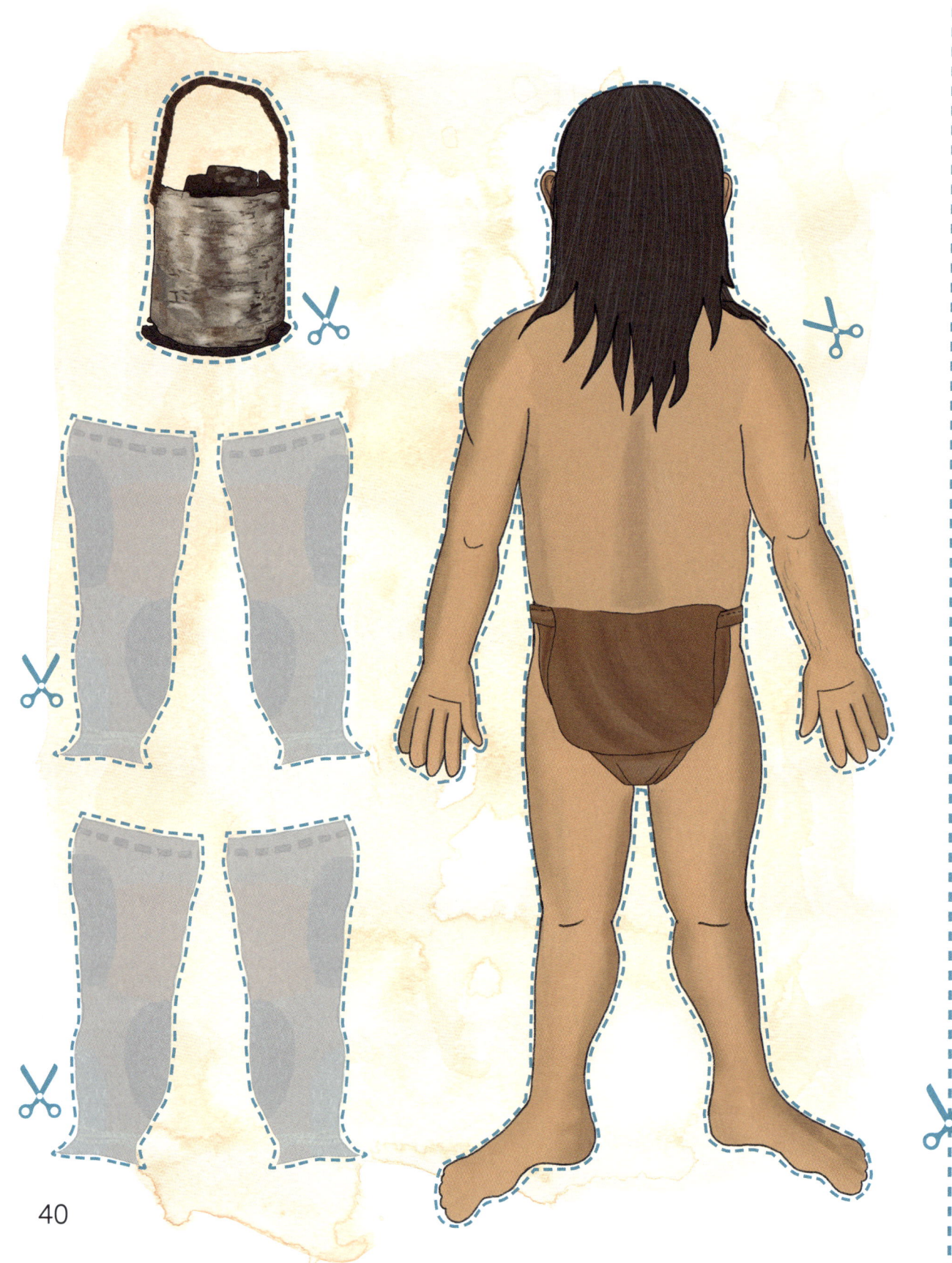

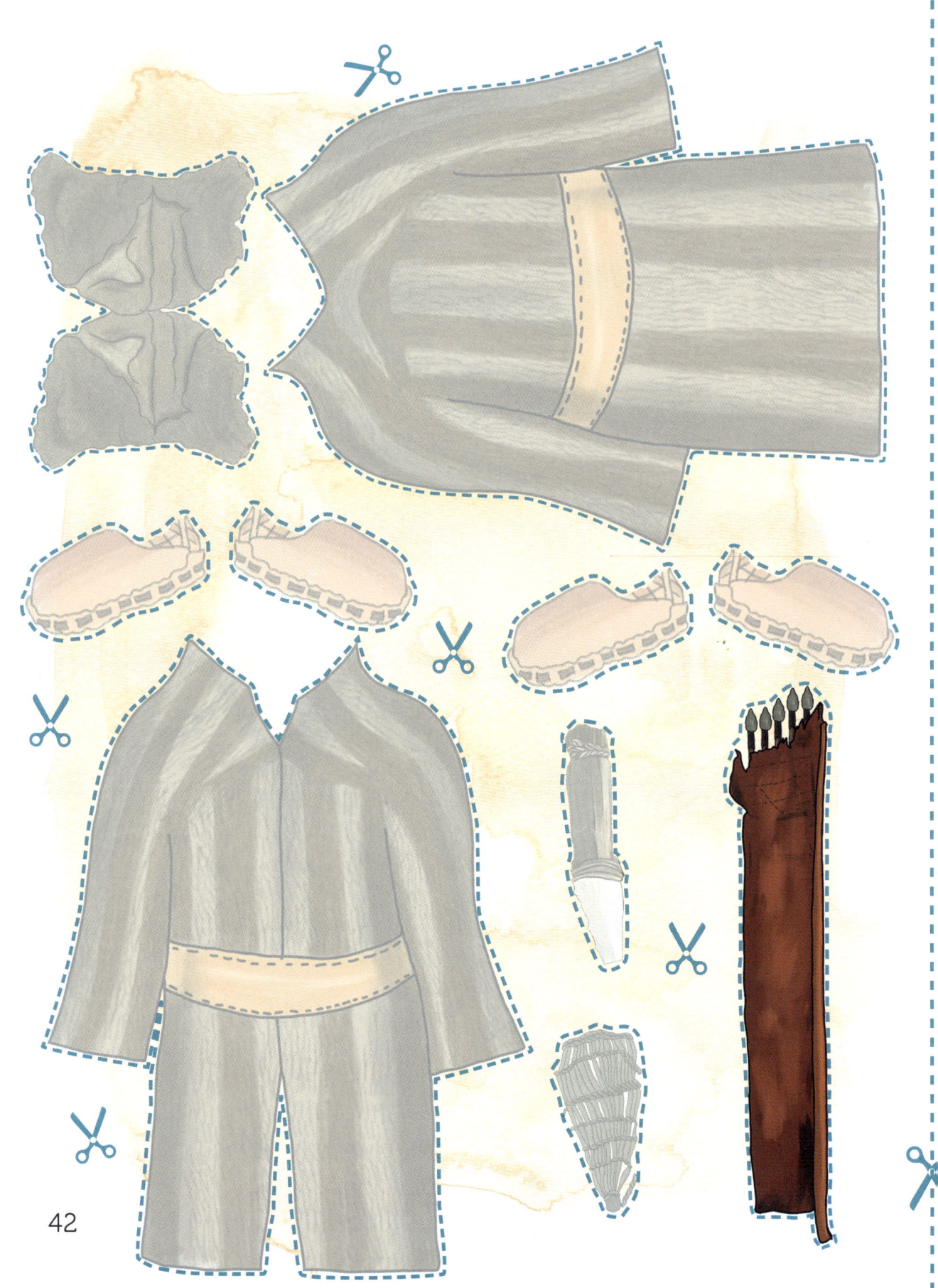

Eine Bastelanleitung für Ötzis Zeitfaden findest du vorne in der Umschlagklappe.

Zeitfaden für 5300 Jahre
Von heute zurück in die Kupferzeit

1
Zeichne hier unten dich selbst auf das Kärtchen. Klebe es an den Anfang des Bindfadens bzw. der Schnur.

2
Zeichne hier unten deine Oma oder deinen Opa. Dann kann dieses Kärtchen neben das „Ich-Kärtchen" geklebt werden.

3
Das Jahr Null. Christi Geburt. Klebe dieses Kärtchen bei etwa zwei Metern an die Schnur.

4
Ötzi hat vor 5300 Jahren gelebt. Klebe dieses Kärtchen an das Ende des Bindfadens.

Ich

Oma/Opa geboren

Das Jahr 0 Christi Geburt

Ötzi

Kärtchen für Zeitfaden

Schneide die Kärtchen an der gestrichelten Linie aus. Falze sie dann einmal in der Mitte. Jetzt kannst du sie an den 5,3 Meter langen Bindfaden kleben.

hier kleben | hier kleben | hier kleben | hier kleben

Lege nach dem Bestreichen mit Klebstoff den Bindfaden auf das Kärtchen und klappe es an der Linie zusammen.

Lege nach dem Bestreichen mit Klebstoff den Bindfaden auf das Kärtchen und klappe es an der Linie zusammen.

Lege nach dem Bestreichen mit Klebstoff den Bindfaden auf das Kärtchen und klappe es an der Linie zusammen.

Lege nach dem Bestreichen mit Klebstoff den Bindfaden auf das Kärtchen und klappe es an der Linie zusammen.

Tipp

Natürlich kannst du noch weitere Kärtchen basteln: zum Beispiel für die Entdeckung Amerikas 1492 oder für das Gründungsjahr der Stadt, in der du lebst, oder einer wichtigen Stadt in deiner Nähe.

Das Ötzi-Wander-Spiel
Spielfiguren und Ereigniskarten

Die Anleitung für das Spiel findest du auf der hinteren Umschlagklappe.

Würfel

Würfel entlang der gestrichelten Linien ausschneiden und die Laschen falzen. Dann auf die grauen Flächen Klebstoff auftragen und festkleben. Fertig ist der Würfel!
Du kannst selbstverständlich einen richtigen Würfel nehmen, falls du einen hast!

Würfel

hier kleben

Spielfiguren

Schneide die farbigen Streifen aus und falze sie an den weißen Linien. Jetzt kannst du den Streifen zu einem Dreieck zusammenkleben. Stabiler werden die Kärtchen, wenn du mit dem Klebestift ein Centstück unten auf den weißen Kreis klebst.
Falls das zu schwer ist, kannst du auch eigene Spielfiguren aus einem anderen Spiel verwenden.

Ereigniskarten

Du hast **+3** dein verlorenes Birkenrindengefäß wiedergefunden. Drei Felder vor. 	Jemand hilft, dass das Feuer nicht erlischt. Du und eine weitere Person deiner Wahl rücken ein Feld vor. **+1**	Stein im Schuh! **1 x aussetzen** 
 Großes Ötziglück! **Noch einmal würfeln!**	**Joker +3** 	**Joker +3** 
Schnell zum Feuer, es wird dunkel! Ein Feld vor! **+1**	Du hast ein Loch im Schuh. Gehe drei Felder zurück. **-3** 	Gehe zum nächsten Ereignisfeld mit dem Ahornblatt.
-2 Pfeilspitzen verloren – geh sie suchen! Zwei Felder zurück! 	**Joker +3**	Schafe versperren dir den Weg. Du musst eine Pause machen. **1 x aussetzen**
Beeilung! Sonst erlischt die Glut – zwei Felder vor. **+2** 	Wer rechts von dir sitzt, darf drei Felder vorrücken. **+3**	Wenn du drei Sachen aufzählen kannst, die Ötzi gern gegessen hat, dann gehe zwei Felder vor. **+2**
Beil vergessen! **Zurück auf Start!** 	Du beobachtest einen Hirsch. **1 x aussetzen**	Du bist im Schnee steckengeblieben. **1 x aussetzen** 
Dir ist kalt. Hüpfe auf einem Bein, damit dir wieder warm wird. **1 x aussetzen**	Wann hat Ötzi gelebt? Wenn du die Antwort kennst: Zwei Felder vor **+2** 	Wann wurde Ötzi im Eis gefunden? Wenn du die Antwort kennst: Ein Feld vor **+1**